如何 让孩子放下手机

王晶　编著

民主与建设出版社
·北京·

图书在版编目（CIP）数据

如何让孩子放下手机 / 王晶编著. -- 北京：民主
与建设出版社，2025. 5. -- ISBN 978-7-5139-4930-9

Ⅰ. G444；G782

中国国家版本馆CIP数据核字第2025XB1899号

如何让孩子放下手机

RUHE RANG HAIZI FANGXIA SHOUJI

编　　著	王　晶
责任编辑	廖晓莹
装帧设计	付　莉
出版发行	民主与建设出版社有限责任公司
电　　话	（010）59417749　59419778
社　　址	北京市朝阳区宏泰东街远洋万和南区伍号公馆4层
邮　　编	100102
印　　刷	大厂回族自治县彩虹印刷有限公司
版　　次	2025年5月第1版
印　　次	2025年6月第1次印刷
开　　本	670mm×950mm　1/16
印　　张	10
字　　数	80千字
书　　号	ISBN 978-7-5139-4930-9
定　　价	49.80元

注：如有印、装质量问题，请与出版社联系。

在这个触屏可及的时代，智能设备正以惊人的速度构建着儿童成长的环境。

当您翻开这本书时，或许正因孩子深夜躲在被窝里刷短视频焦虑困扰，或是为饭桌上全家沉默刷手机的冷漠场景痛心，又或许在反复思考：究竟该不该给孩子配备手机？这些当代家庭教育的集体困惑，正是本书诞生的原点。

本书不同于简单的"戒手机指南"，我们拒绝将责任归咎于科技本身，而是秉持"先理解，后引导"的教育理念，带领家长走进孩子的精神世界。作者通过五年时间跟踪调研300个家庭案例发现，沉迷手机的表象之下藏着未被满足的情感需求、失序的时间管理、缺失的自主空间等深层原因。就像书中那个总在深夜玩游戏的孩子，当他用虚拟世界填补现实中的孤独时，真正需要的不是被夺走手机，而是被看见、被理解。

本书第一章像一面精准的镜子，帮助家长识别"手机依赖症"的发展阶段与形成机制，破除"谈手机色变"的认知误区；第二章则作为实用工具箱，从时间管理到内容筛选，手把手地构建手机健康使用范本；第三章带领孩子跨越从"他律"到"自律"的关键门槛，在孩子心中悄然播下自主管理的种子；第四章进一步深耕习惯土壤，将手机转化为培养责任感、社交力的特殊教具；在第五章中，我们回归教育的本质——用高质量的陪伴与充满爱的家庭氛围，填补孩子内心的空洞，从根本上消解对电子设备的依赖。本书每个章节都设置了极具代入感的漫画，帮助家长代入孩子的视角，重新审视问题。

作为深耕家庭教育领域多年的研究者，我们始终相信：科技洪流中，比强制断网更重要的是培养孩子驾驭数字世界的能力。当您跟随书中的生活化场景逐步实践后，收获的不仅是孩子与手机的健康关系，还是充满温度的家庭生态。

期待这本书能成为您育儿路上温暖的同行者。让我们共同守护孩子眼中真实世界的光芒——比任何屏幕都更璀璨的生命之光。

第一章

孩子玩手机上瘾了吗

第二章

培养健康的手机使用习惯

第五章

培养孩子的归属感

第一章 孩子玩手机上瘾了吗

第一节 什么是手机上瘾

在现代社会，智能手机无疑已成为我们日常生活的一部分。手机极大地方便了我们的通信和信息获取，为我们提供了丰富多彩的娱乐内容。然而，正因为如此，让很多人难以从手机屏幕前抽身。

手机 使用的背后

　　什么是手机上瘾？对于孩子来说，手机上瘾是指长时间使用手机，对手机产生强烈依赖，难以控制自己的手机使用行为。

　　以下是孩子手机上瘾的一些具体表现。

无法停止使用

　　即使已经使用了很长时间，孩子仍然不愿意放下手机。

情绪波动大

　　当孩子无法使用手机时，会表现出明显的焦虑、烦躁和易怒，情绪波动非常大。

忽视现实生活

　　孩子会为了玩手机而忽视日常生活中的重要活动，比如学习、吃饭和与家人的交流。

社交能力降低

　　与朋友和家人的互动减少，社交能力逐渐减弱。

把手机还给我！不然我就不写作业了！

　　长时间使用手机会导致视力下降、脊柱侧弯以及睡眠质量差等问题。

专家 如是说

面对孩子手机上瘾，

家长应该这样做：

1 家长要了解孩子使用手机的原因，并积极与其沟通，帮助孩子正确认识和使用手机。家长应定期与孩子沟通，了解他们的手机使用情况和感受，询问他们在手机上做了什么、看了什么。同时帮助孩子管理好情绪，尤其是在感到焦虑或压力时，让他们知道还有其他方式可以帮助他们放松和减压。

2 孩子的行为很大程度上受到家长的影响。家长在日常生活中应尽量少在孩子面前使用手机，多陪伴孩子，进行有意义的互动，如一起做手工、阅读、运动等，增加亲子互动的机会，给孩子树立良好的榜样。

3 制订使用计划。父母和孩子一起讨论制订手机使用计划，比如什么时候用手机？每天用多长时间？手机不用的时候放在什么地方？睡觉前是不是要关掉手机？

4 培养孩子的兴趣爱好，并持之以恒，比如参加一些竞争性的体育比赛，对降低孩子对手机的依赖都是非常有帮助的，还可以让孩子体验到成就和愉悦。

5 如果家长发现孩子的手机上瘾问题严重，要努力帮助孩子走出手机上瘾的困境。家长可以与学校的心理辅导老师或教育顾问沟通，了解他们的建议和支持方案；也可以寻找有经验的心理咨询师，通过专业的心理辅导帮助孩子调整行为；也可以参加家长培训课程，学习更多关于应对孩子手机上瘾的知识和技能。

小贴士

手机上瘾不仅影响孩子的学业和社交能力，还对他们的身体健康和心理状态造成了严重影响。家长需要了解这些表现，帮助孩子应对手机上瘾的问题。

第二节 判断孩子的"手机依赖症"处于哪个阶段

　　手机在为我们提供便捷的同时也让人对其产生依赖，尤其是儿童和青少年。识别不同阶段的"手机依赖症"表现有助于家长判断孩子是否依赖手机，并及时介入和纠正。

手机 使用的背后

手机依赖症是一个逐渐发展的过程，不同阶段的表现也有所不同。家长可根据以下几个阶段来判断孩子的手机依赖程度：

1. 初期依赖阶段

孩子开始频繁使用手机，主要用于娱乐活动，如玩游戏、看视频、聊天等。这个阶段的孩子会对手机表现出浓厚兴趣，开始减少一些面对面的社交活动，但总体上还能完成日常任务和学业。如有些孩子在放学后迫不及待地拿出手机，刷一刷社交媒体或玩几局游戏，但当父母提醒他做作业时，他还是能放下手机并完成作业。在这一阶段，孩子对手机的依赖还没有达到严重的程度，但已经显示出一些初步的依赖迹象，如每天必须有一定的时间使用手机，或者当手机没电时会表现出一些焦虑。

先把作业完成，再做其他事情。

哦，好吧！

2. 中度依赖阶段

　　对手机的依赖程度明显加深。孩子使用手机的时间显著延长，并开始影响到他们的学习和日常生活。在这个阶段，许多孩子会在不该使用手机的场合使用，如上课时偷偷玩手机，或者在本应完成家庭作业的时间内沉迷于手机游戏或视频。这时，孩子已经很难控制自己的手机使用时间，即使知道需要做其他事情，但依然会忍不住拿起手机。在这个阶段，孩子的情绪波动开始显现，在被限制使用手机时会表现出明显的不满或抗拒，甚至会和家长发生争执。

3. 严重依赖阶段

　　几乎无法离开手机，除了睡觉几乎所有时间都用在手机上，严重影响了正常的学习、生活和社交。部分孩子还会出现明显的情绪问题，如焦虑、易怒等，甚至会影响到身体健康，比如视力下降、脊椎疼痛和睡眠质量差。有些孩子整天躲在房间里玩手机，不愿意与家人交流，甚至在深夜也在玩手机，导致第二天上课时精力不足。

吃饭！把手机放一边！

呵呵

专家 如是说

针对孩子不同阶段的手机依赖，

试着这样做：

初期依赖阶段

　　家长应积极引导孩子合理使用手机，制定明确的手机使用时间和规则。例如，规定只能在完成作业后使用手机，或者每天使用手机的时间不超过一小时。家长可以与孩子共同制定这些规则，使孩子在制定规则过程中有参与感，从而更好地遵守这些规则。

　　家长还应鼓励孩子多参与其他有益的活动，丰富孩子的日常生活，如运动、阅读和社交活动等，让他们在手机之外找到乐趣和成就感，从而减少对手机的依赖。

中度依赖阶段

　　家长需要加强对孩子手机使用的管理，严格控制手机使用时间和内容，并限制某些不适宜的应用程序和网站。

　　家长还应积极与孩子沟通，了解他们使用手机的原因，帮助他们找到替代手机的其他兴趣爱好，并提供情感支持和鼓励。

对于那些因为学习压力或社交困难而过度依赖手机的孩子，家长应特别关注并尝试帮助他们解决这些问题。比如，如果孩子因为学习压力大而使用手机放松，家长可以帮助他们制订更有效的学习计划，或者一起参加一些减压活动；对于那些因为缺乏社交技能而依赖手机的孩子，家长可鼓励他们参加一些社交活动，帮助他们建立自信。

严重依赖阶段

家长应尽快寻求专业帮助，如咨询心理医生或教育专家，制订详细的干预计划。与学校或医生合作，共同帮助孩子摆脱手机依赖。

小贴士

家长要密切关注孩子的手机使用情况，观察孩子的行为和情绪变化，判断他们处于手机依赖的哪个阶段，及时采取相应措施，防止问题进一步恶化。

第三节　孩子手机上瘾的形成路径

孩子是在不知不觉中依赖上手机的。从放松娱乐到逐渐形成习惯，直至无法戒断，孩子是如何一步步手机上瘾的？

手机 使用的背后

孩子手机上瘾的形成路径是一个复杂而逐渐发展的过程，通常受到多方面因素的共同影响。

孩子接触手机的动机多是源于好奇和娱乐。有些孩子看到朋友们都在玩某款流行的手机游戏，出于好奇，他也开始尝试。随着时间的推移，手机对他的吸引力越来越大，逐渐形成了一种初步的使用习惯。这种早期的接触通常是无害的，但如果家长没有及时引导和限制，孩子很容易对手机产生依赖。

随着孩子对手机的熟悉，手机逐渐从一个单纯的娱乐工具变成了他们生活的一部分。他们开始利用手机来打发时间，缓解无聊，甚至作为逃避现实问题的方式。有些孩子在放学后第一时间拿出手机，而不是先完成作业，甚至在吃饭时间也不愿放下手机。这种习惯性使用逐渐改变了孩子的日常行为模式，手机使用时间不断增加，其他活动的时间被压缩，学习和生活肯定受到影响。

进一步发展，孩子会形成对手机的心理和情感依赖。当他们感到孤独、压力或挫败时，会下意识地拿起手机寻求安慰和放松。手机成了他们逃避现实的避风港，为他们提供了一种即时的、随时可得的愉悦感。这种情感依赖让孩子越来越难以放下手机。

应用程序的设计也在无形中强化了孩子对手机的依赖。游戏、社交媒体和视频平台往往具有极强的用户黏性和吸引力，常常通过不断更新的内容和即时反馈机制来吸引用户的注意力。让孩子在玩游戏时，被游戏设计的奖励机制所吸引，不断追求更高的分数和成就，进而花费更多的时间；社交媒体上的点赞和评论功能也会让他们不断刷屏，渴望获取更多的社交认可。

家庭环境和家长的行为也对孩子手机上瘾的形成有重要影响。如果家长自身对手机有较高的依赖，孩子很容易模仿家长的行为模式。在一个缺乏沟通和互动的家庭环境中，孩子更可能向手机寻求情感满足。

专家 如是说

预防和应对孩子手机上瘾，

可以这样做：

1 当孩子初次接触手机时，家长可引导孩子选择一些对学习有帮助的应用程序和内容，让孩子在使用手机时也能获得知识和技能。

2 当孩子开始利用手机打发时间、缓解无聊时，家长可帮助孩子制订每日时间表，合理安排学习、娱乐和休息时间，加强对时间管理能力的培养。

3 在孩子形成对手机的心理和情感依赖时，家长要了解孩子使用手机的深层原因，如是否因为感到孤独、压力大或缺乏自信，与孩子进行深入沟通。

4 家长应尽量减少自己对手机的依赖，每天抽出时间与孩子进行面对面的交流，树立良好的榜样。

5 家长要控制孩子的手机使用时间，屏蔽不适宜孩子的应用程序和网站，减少孩子对手机的依赖。

小贴士

手机上瘾是一个逐步发展的过程，家长要在每个阶段及时发现问题，采取适当的干预措施，以防止孩子陷入手机上瘾的困境。

孩子的基本心理需求如被忽视或未得到满足，他们就会寻找其他方式来填补这种空缺。智能手机能提供即时的满足感和虚拟的社交互动，因此成为孩子填补心理需求空缺的首选。

手机 使用的背后

孩子手机上瘾的形成与其基本心理需求的缺失密切相关。如果这些需求在现实生活中得不到满足，孩子很容易转向手机寻找替代。

1. 归属感缺失

孩子需要感受到自己是某个群体的一部分。当孩子在学校或家庭中感到孤独或被忽视时，就会寻求其他方式来填补这种情感空白。

2. 自尊心和成就感缺失

孩子需要通过不断的努力和成功体验来建立自尊心和成就感。孩子在学业或其他方面没有获得足够的认可和鼓励，就会在手机游戏中寻找成就感。游戏设计的奖励机制让孩子们不断追求更高的分数和等级。这种虚拟的成就感弥补了他在现实生活中的成就感缺失。

3. 安全感缺失

　　孩子需要在一个稳定和安全的环境中成长，感受到父母的爱和支持。当父母忙于工作，经常忽视与孩子交流，家庭环境缺乏沟通和互动时，孩子会缺乏安全感，只能通过手机来缓解内心的不安和孤独。

4. 情感支持缺失

　　孩子在面对学业压力和人际关系问题时，感到无人可倾诉或无人理解，就会转向手机寻求安慰，逃避现实，而不是向父母或老师寻求帮助。

5. 社交需求缺失

　　孩子需要与同龄人互动，建立社交技能和自信心。当孩子缺乏现实中的社交活动时，他们会转向手机，通过社交媒体和在线游戏来满足自己的社交需求。

孩子心理需求缺失导致手机上瘾时，家长应该这样做：

1. 增强归属感

努力增强孩子在家庭中的归属感。家长应参与更多的亲子活动，如家庭游戏、旅行和共同完成家务等，增强家庭成员之间的情感联系，帮助孩子感受到家庭的温暖和支持。

2. 提升自尊心和成就感

多给予孩子认可和鼓励。家长可设立一些小目标，让孩子通过努力达到，并在他们成功时给予表扬和奖励。

3. 提供安全感

创造一个稳定和支持性的家庭环境。每天花时间与孩子交流，了解他们的想法和感受，及时提供帮助和支持。家长每天安排固定的时间和孩子一起活动，如晚饭后一起散步或聊天，减少对孩子的责备和批评，更多地给予鼓励和赞扬，不在孩子面前争吵，保持家庭氛围和谐，让孩子感受到家庭的温暖和安全。

4. 情感支持

注意孩子的情感变化，及时为其提供心理支持。家长应与孩子进行心与心的对话，建立一个开放的沟通环境，让孩子感到可随时与家长分享自己的困惑和感受。

5. 满足社交需求

为孩子提供更多的社交机会。家长可鼓励孩子参加各种社交活动，如运动队、艺术班和兴趣小组等，帮助他们建立健康的社交网络，让孩子有更多机会与同龄人互动。

小贴士

若孩子的基本心理需求在现实生活中得不到满足，就容易导致他们过度依赖手机。家长应关注孩子的情感和心理需求，积极增加家庭互动和情感支持，帮助孩子建立健康的生活方式。

第五节　手机上瘾是一种"传染病"

在我们的日常生活环境中，手机使用已变得无处不在，仿佛传染病般到处蔓延。从同学、家庭成员之间的互动到社会成员之间的行为模式，手机影响着每一个人的行为选择。

手机 使用的背后

手机上瘾在现代社会中像传染病一样迅速蔓延，影响着孩子的生活。

1. 家庭环境

家庭是孩子最早接触和模仿行为的地方，父母的行为对孩子有着潜移默化的影响。如果父母在家中频繁使用手机，孩子会认为这是正常的行为，并模仿他们的使用习惯。缺乏交流和互动的家庭环境，会导致情感上的疏离，会使孩子转向手机寻找陪伴和娱乐，进一步加深对手机的依赖。

2. 公共行为的影响

在公共场所，当看到周围的人都在使用手机时，孩子会觉得使用手机是符合社会规范的行为，从而增加自己使用手机的频率。

所有人都在看手机啊，为什么妈妈不让我玩手机呢？

3. 社交压力

在现代社交环境中，人们大多通过手机保持联系和互动。害怕错过信息或被排除在外的心理驱使人们频繁查看手机，以确保自己随时与朋友和社会保持联系。这种"恐惧错过"的心理在青少年中尤为突出。

4. 信息获取与娱乐需求

现代社会信息爆炸，人们习惯通过手机获取新闻、观看视频、玩游戏和社交，这些行为满足了他们对信息和娱乐的需求。不断更新的内容和即时反馈机制使得手机对孩子具有极大的吸引力，强化了他们的使用习惯，导致"手机上瘾"的形成和传播。

专家 如是说

手机上瘾如传染病般蔓延的

应对策略:

1. 建立家庭电子产品使用规范

家长应在家庭中建立健康的电子产品使用规范,限制手机的使用时间。例如,规定每天只能使用手机一小时,且不能在用餐时和家庭活动时使用手机。

2. 增加亲子互动

家长每天抽出时间与孩子进行面对面的交流,了解他们的想法和感受,陪孩子共同参与一些家庭活动,如游戏、旅行、手工制作等,让孩子感受到家庭的温暖,从而减少对手机的依赖。

3. 提供替代活动

家长可鼓励孩子参加体育运动、艺术活动和社交活动,帮助他们发现和培养新的兴趣爱好,在多样化的活动中找到满足感,减少对手机的依赖。

4. 培养批判性思维

家长可与孩子一起讨论手机上看到的信息，帮助他们识别虚假信息和不良内容，增强他们对手机内容的辨别能力，了解正确信息的获取渠道和方法，培养他们的独立思考能力。

小贴士

手机上瘾不仅仅是个人行为，更是一种社会现象。家庭成员和社会环境都会对孩子的手机使用习惯产生重大影响。家长必须认识到这种"传染性"，为孩子建立健康的电子产品使用规范。

第六节 手机上瘾的评估和常见误区

对手机上瘾进行正确的评估，并区分日常使用与依赖行为，有助于我们更加客观地看待智能手机在生活中扮演的角色，避免因过度担忧而忽视了其正面的应用价值。

手机 使用的背后

要评估孩子是否对手机上瘾，可以从以下几个方面进行观察和分析：

1. 使用时间

如果孩子每天花大量时间在手机上，明显超过了合理的使用时间，这就是其手机使用上瘾的一个信号。尤其是当孩子在完成学习、家务和社交活动后，依然花费大量时间在手机上，说明孩子对手机的依赖程度较高。

2. 使用动机

如果孩子使用手机主要是为了逃避现实问题，如学业压力、人际关系等，而不是为了放松或获取信息，这表明孩子对手机产生了依赖。

3. 行为变化

　　如果孩子因为玩手机而忽视了日常生活中的重要活动，如学习、运动和与家人的交流，甚至表现出情绪波动和行为改变，这也是孩子手机上瘾的征兆。

4. 失控感

　　如果孩子在使用手机时表现出明显的失控感，如无法停止使用，甚至在被迫停止时表现出强烈的抗拒和情绪波动，这表明孩子对手机的依赖程度较高。

专家 如是说

家长对孩子手机上瘾存在以下常见误区。

误区1：忽视手机使用的内容和目的

家长往往只关注孩子使用手机的时间，而忽略了孩子在手机上做什么。如果孩子主要使用手机进行学习和获取有益的信息，而不是沉迷于游戏和社交媒体，这与上瘾有本质区别。

误区2：忽略情感和心理因素

很多家长忽略孩子使用手机背后的情感和心理需求，认为孩子只是简单的娱乐或逃避现实。实际上，手机上瘾往往与孩子的情感和心理状态密切相关。

误区3：采取过于严厉的措施

一些家长在发现孩子手机使用过多时，会采取过于严厉的限制措施，如完全禁止使用手机，这种方式往往适得其反，会引起孩子的强烈反抗和逆反心理。

误区4：不重视榜样作用

家长的行为对孩子有重要影响，如果家长自己也频繁使用手机，那么孩子很难理解为什么自己不能这样做。家长应以身作则，树立良好的榜样。在家庭中减少自己对手机的依赖，多与孩子进行面对面的交流和互动。

小贴士

家长在评估和处理孩子的手机使用问题时，应注意全面考虑，多方面观察，通过科学的方法和积极的引导帮助孩子建立健康的手机使用习惯。

第七节　孩子多大时可以配备手机

何时给孩子配备手机是家长必须面对的问题。这一抉择不仅取决于孩子的年龄，还涉及他们的责任感、成熟度以及家长的教育理念等多个方面。

手机 使用的背后

孩子多大时可以配备手机？其实给孩子配手机不取决于他的年纪大小，而在于以下几个因素：

1. 孩子的自控能力

如果孩子能合理安排时间，并且能控制自己的手机使用时间，那么是可以配备手机的。

2. 家长的监督和指导

如果家长能定期检查孩子的手机使用情况，给予正确的引导和限制，能够与孩子一起制订使用规则，并定期沟通，确保孩子合理使用手机，配备手机也是可以的。

3. 社交和安全需求

随着孩子年龄的增长，他们的社交和安全需求也会增加。手机可帮助孩子与家人和朋友保持联系，特别是在紧急情况下能够及时联系到家长。家长应评估孩子的日常活动和社交需求，决定是否需要配备手机。

4. 学习和发展的需求

手机可以作为学习的工具，帮助孩子查找资料、进行在线学习和参与课外活动。如果孩子在使用手机时主要是为了娱乐而忽视了学业，就不适合给孩子配备手机。

应给孩子配备什么样的手机?

1. 功能简化的手机

  对于年纪较小的孩子，可以考虑配备功能简化的手机，如只具备基本通话和通信功能的手机。这种手机可以满足孩子的基本通信需求，同时减少他们沉迷于手机游戏和社交媒体的风险。

2. 带有家长控制功能的智能手机

  对于较大一些的孩子，可以选择带有家长控制功能的智能手机。家长可设置限制孩子的使用时间、访问内容和下载应用程序，帮助孩子建立良好的使用习惯。

3. 价格适中的手机

  选择价格适中的手机，可避免孩子因为丢失或损坏手机而造成较大的经济损失。太昂贵的手机会增加孩子的心理压力，也容易引发攀比心理，选择价格适中的手机更合适。

4. 耐用的手机

　　选择一款耐用的手机，减少因意外损坏而频繁更换的麻烦。同时要确保手机具有基本的安全功能，如防护措施和隐私保护，保障孩子的使用安全。

小贴士

　　在决定给孩子配备手机时，家长不仅要注意以上的要点，还要帮助孩子建立健康的手机使用习惯，避免因使用手机带来负面的影响。

第二章

培养健康的手机使用习惯

在数字化时代，智能手机也是小学生重要的学习工具。每位小学生都应学会正确使用手机，平衡娱乐与学习之间的关系，避免影响学习。

手机 使用的背后

小学生自制力较差，使用手机上瘾的话，会影响到学习：

小朋友们，上课了!

晚上过度使用手机会影响孩子的睡眠质量，导致他们无法按时入睡，第二天上课时精神不振，注意力不集中，影响学习。

长时间使用手机娱乐，减少了复习和预习的时间，导致学习内容无法得到巩固，影响学习成绩。

避免使用手机影响学习，

建议家长这样做：

1 与孩子共同制定手机使用规则，明确手机的使用时间和场合。规定在学习和用餐时不使用手机，设定每天的手机使用时间上限。

2 手机作为学习的工具，帮助孩子查找资料、完成在线作业和参加在线课程。下载一些有益的学习应用程序，如字典、百科全书、在线课程平台等，每天规定一定的时间使用这些应用程序进行学习，检查孩子的使用记录，确保他们专注于学习任务。

3 在家中设立专门的学习区，在学习区内不允许使用手机娱乐。比如在家里设立一个固定的学习角，规定在学习时间内手机不放在这个房间，使用定时器提醒孩子休息和学习的时间，确保他们按时进行学习和休息。

④ 引导孩子学会自我管理，理解合理使用手机的重要性，与孩子讨论使用手机的利弊，让他们自己判断什么时候应该用手机、什么时候不该用。

⑤ 与孩子保持良好的沟通，进行定期的交流和检查，及时发现孩子在手机使用中的问题，并给予适当的指导和帮助。

小贴士

为了避免手机过度使用对学习产生负面影响，家长应与孩子共同制定合理的手机使用规则，让孩子对学习时间和休息时间进行有效的区分。同时通过积极的引导和监督，帮助孩子建立良好的使用习惯，让手机成为学习和生活的有益工具。

第二节 设定健康的手机使用时间

　　智能手机的普及虽然让我们的日常生活更加便捷，但过度使用也带来了一些负面影响。合理设定手机的使用时间，对保持健康的生活习惯和提高生活质量尤为重要。

手机 使用的背后

很多孩子常常在非合理时段使用手机。

吃饭时使用手机。很多孩子一边吃饭一边看手机，导致用餐效率低下。

写作业时使用手机。在本应完成作业的时间内，不少孩子使用手机进行娱乐，拖延完成作业，导致学习任务积压。

睡觉前使用手机。有些孩子在晚上睡觉前长时间使用手机，影响睡眠质量，导致第二天上课精神不振，注意力不集中。

起床后使用手机。有些孩子早晨起床后第一时间拿起手机看视频或玩游戏，拖延起床时间，影响晨间活动和上学时间。

专家 如是说

杜绝非合理时段使用手机，

家长可以这样做：

1. 设定固定的学习时间

在时间计划中设定固定的学习时间段，选择孩子精力最充沛的时间段，如下午放学后或晚饭后，确保孩子在这个时间段内专注于学习任务。家长应要求孩子在学习时间内将手机放在远离书桌的地方，以减少干扰。

2. 设定合理的娱乐时间和规则

在时间计划中设定合理的娱乐时间段，并与孩子协商确定每天使用手机进行娱乐的时间，并严格执行，避免孩子在学习时间内使用手机进行娱乐活动。

3. 使用定时器和提醒工具

使用定时器来提醒孩子每个时间段的开始和结束，做好学习时间、休息时间和娱乐时间的转换。帮助他们更好地管理时间，遵守时间计划，避免浪费和拖延时间。

4. 定期检查和调整时间计划

应定期检查时间计划的执行情况，根据执行过程中遇到的问题进行调整，并与孩子保持良好的沟通，了解他们的感受和需求。

小贴士

为了避免非健康的手机使用时间对孩子学习和生活产生负面影响，家长应与孩子共同制定合理的手机使用规则，让孩子学会在适当的时间使用手机，培养其良好的时间管理习惯。

第三节　手机使用时间要与运动、学习时间相平衡

合理管理小学生的手机使用时间，使其与学习和运动等活动保持平衡，对维护健康和生活质量至关重要。家长应为孩子设定明确的规则，将手机使用时间与其他日常活动，如学习和体育锻炼相结合，帮助他们养成更为均衡和健康的生活习惯。

手机 使用的背后

　　孩子在使用手机时，常常出现手机使用时间不能与运动、学习时间相平衡的问题。

在应进行户外活动的时间里待在家中玩手机，缺乏必要的运动，身体素质逐渐下降，容易生病。

在休息时间里专注于手机而非与同学或朋友互动，导致社交能力下降，无法建立深厚的友谊。

在放学后和周末的学习时间里玩手机，导致作业拖延，复习时间减少，学习效率低下，成绩下滑。

在晚上睡觉前长时间使用手机，导致入睡时间推迟，睡眠不足，影响第二天的注意力和学习表现。

明天周末，我们约好打游戏呀？

要使手机使用时间与运动和学习时间相平衡，应该这样做：

1.设置奖励机制鼓励孩子

设置一个积分系统，每完成一个学习任务或进行一段时间的运动，就可以获得一定的积分，积分可以用来换取手机使用时间或其他奖励。

2.创建无手机区域和时间段

规定家庭公共区域，如餐厅和客厅为无手机区域，并设定特定时间段，如晚餐时间和学习时间为无手机时间段。家长应以身作则，与孩子共同遵守这些规定。

3.安排丰富多彩的活动

安排各种有趣的活动，分散孩子对手机的注意力，如安排家庭郊游、博物馆参观、手工制作等活动，让孩子体验不同的兴趣爱好和运动项目，促进其参与更多的学习和运动。

4.培养时间管理技能

　　家长可教孩子使用时间管理工具，如日程表和待办事项清单，明确每天的任务和时间安排。提高其自我控制能力，合理分配学习、运动和娱乐时间。

小贴士

　　家长要和孩子进行深入的沟通，解释这样做的原因，让孩子理解合理安排时间对他们的身心健康和未来发展的重要性。

第四节　下载适合孩子学习的应用程序

　　智能手机也是强大的学习工具。为孩子选择正确的学习应用程序，可将他们的手机娱乐时间转化为有价值的学习时光。

手机 使用的背后

手机中没有适合的学习应用程序，导致他们有以下不良表现。

1. 将大量时间花在游戏上

手机里主要安装各种游戏应用程序，孩子便会把大量时间花在游戏上，导致学习时间大幅减少，作业常常拖延。

2. 依赖社交媒体

孩子过度依赖社交媒体，与网络中的朋友聊天，会大大降低生活中的社交能力。

选择和下载适合孩子学习需求的应用程序。

1. 了解孩子的兴趣和需求

与孩子进行详细的沟通，了解他们在学习中遇到的困难和需要提高的领域，并根据这些需求，有针对性地选择相关的学习应用程序。

2. 选择评价高、实用性强的应用程序

查看教育专家和其他家长的推荐，选择一些评分高、用户反馈好的应用程序。家长可在手机应用商城中查看应用程序的评价和下载量，优先选择那些由知名教育机构或公司开发的应用程序。

3. 亲自体验应用程序的内容和功能

下载应用程序后，家长应先自己使用一段时间，熟悉其操作和内容，了解其是否适合孩子使用。

家长要与孩子共同制定使用规则，确保合理安排学习和娱乐的时间。

第五节　利用科技手段辅助管理孩子的手机使用

　　在这个科技日益发达的时代，家长可利用多种科技手段来管理孩子的手机使用，如设定使用限制、监控应用程序的使用情况，甚至利用专门的家长控制应用程序，防止孩子沉迷于手机。

手机 使用的背后

小学阶段的孩子自制力较差，家长忙于工作，时间又很有限，若不管理孩子的手机使用，孩子就会有以下表现。

1. 长时间使用手机

孩子长时间使用手机进行娱乐活动，导致睡眠时间、学习时间被严重压缩，影响日常作息和学习，对身体健康也十分不利。

2. 学习时频繁分心

孩子在写作业时，经常被手机上的通知和信息打断，导致注意力无法集中，作业完成速度极慢，质量也不高。

3. 缺乏时间管理

不会时间管理的孩子，没有明确的学习和娱乐时间安排，导致一天中的时间分配混乱，难以养成良好的学习和生活习惯。

借助科技手段有效管理孩子的手机使用。

1. 使用家长控制应用程序

　　下载并安装家长控制应用程序，为孩子的手机设置每日使用时长，规定学习、娱乐和休息的时间段。比如，设置每天晚上9点后手机自动锁定，以确保孩子能按时休息。

2. 设定内容过滤

　　在家长控制应用程序中设置内容过滤选项，阻止孩子访问暴力、色情或其他不适宜的内容。家长可根据孩子的年龄和需要，调整过滤级别，确保安全的网络环境。

3. 实时监控和报告

　　开启家长控制应用程序的监控功能，定期查看应用程序使用报告，了解孩子在各个应用程序上的使用时间。根据报告结果，与孩子讨论其手机使用情况，提出改进建议。

家长管理孩子手机使用时，一定要与孩子做好沟通，尤其是处于青春期的孩子，避免因家长的管束让孩子更加叛逆。

第六节 定期检查孩子在手机上观看的内容

网络上充斥着各种内容，不是所有内容都适合儿童和青少年。定期检查孩子在手机上的观看内容，确保这些信息有助于他们的健康成长和心理发展，是家长的一项重要的责任。

手机 使用的背后

家长未定期检查孩子在手机上的观看内容，会导致孩子出现以下行为。

1. 观看不适龄视频

一些孩子会观看不适合他们年龄的视频内容，如涉及成人情节或复杂社会问题的视频，这会影响其心理健康。

2. 误信虚假信息

孩子会接触到虚假信息或不可靠的新闻，这些信息会误导孩子，影响其判断力和世界观。

恭喜你获得10000元大奖！

中奖了

3. 过度沉迷于娱乐内容，模仿不良行为

孩子会沉迷于短视频或游戏视频等娱乐内容，甚至会尝试模仿这些行为，导致不良习惯的养成。

如何有效定期检查孩子在手机上观看的内容?

1. 使用家长控制应用程序

　　下载并安装家长控制应用程序，这些应用记录着孩子在手机上访问的所有网站和应用程序，并生成每日或每周报告，便于家长及时发现不适宜的内容。

2. 检查观看历史

　　家长可手动检查孩子的手机和电脑的观看历史，在浏览器的历史记录中查看孩子访问过的网站，在及时发现不适宜的内容时与孩子沟通，并采取相应措施。

3. 保持沟通

　　经常与孩子一起回顾他们的观看内容，教育他们如何识别虚假信息和不良内容。

家长一定要与孩子讲明白，查看孩子的手机浏览记录并不是侵犯孩子的隐私，而是帮助他接触适合其年龄和心理发展的内容。

在家庭环境中，父母的行为模式对孩子有着深远的影响。家长必须发挥榜样作用，为孩子营造一个健康的家庭环境，帮助孩子建立正确的手机使用观念。

手机 使用的背后

很多家庭中家长放不下手机，孩子也有样学样，这会导致很多不良后果。

家长过度使用手机导致孩子模仿

孩子看到家长长时间使用手机，会认为这种行为是正常的，从而增加自己的手机使用时间，忽略了学习和休息。

孩子缺乏陪伴和互动，只能拿起手机

家长沉迷于手机，减少了与孩子的互动和交流，让孩子感到被忽视，转而更多地依赖手机，寻求娱乐和陪伴。

家长不能有效监督孩子的学习

家长长时间使用手机，忽视了对孩子学习的监督和引导，导致孩子在学习时间内使用手机娱乐，学习效率低下。

家长作息不规律影响孩子

家长自己因为玩手机作息不规律，晚睡晚起，孩子也受到影响，跟着家长熬夜，导致睡眠不足，影响白天的学习状态。

家长以身作则，和孩子一起养成健康的手机使用习惯。

1. 设立家庭无手机时段

在特定的时间段内，全家人都把手机放在固定的地方，如一个盒子里，专注于一起吃饭、聊天或进行家庭活动，增加面对面的交流和互动。

2. 示范良好的手机使用习惯

家长要以身作则，在工作或重要任务结束后主动放下手机，并向孩子解释为什么要控制手机使用时间。

3. 制定全家共同遵守的手机使用规则

家长可与孩子开一次家庭会议，共同讨论并制定手机使用规则，如每晚8点后不使用手机、周末上午是家庭活动时间等。家长和孩子共同签署协议，并在显眼的地方张贴，互相监督和提醒。

4. 组织家庭活动代替手机娱乐

家长可用有趣的家庭活动来代替手机娱乐，增强家庭凝聚力。比如每周安排一次家庭游戏夜、读书会或户外活动，全家人一起参与，远离电子设备。家长可轮流让每个家庭成员策划活动内容，增加参与感和乐趣。

小贴士

家长以身作则，减少手机使用时间，给孩子树立良好榜样。

第三章 培养孩子自主管理能力

第一节　帮助孩子学会自主管理

　　在智能手机和数字设备日益普及的当下，家长必须培养孩子的自主管理能力，教会孩子如何合理安排时间，如何控制自己的手机使用，帮助其养成更好的自我管理习惯。

手机 使用的背后

很多孩子还没有自主管理手机使用的能力，因此会产生很多问题。

在做作业时，精力不集中，头脑中想的全是手机上的游戏，对作业产生懈怠情绪，导致作业无法按时完成。

孩子过度使用手机，特别是晚上长时间玩手机，会导致睡眠不足，影响孩子的身体健康。

孩子与游戏玩家成了"朋友"，忽视了与身边同学的交流，从而影响了他们的人际关系和社交能力。长此以往，会对孩子的心理健康和社交能力产生负面影响。

手机占据了孩子大量课余时间，导致他们与家人缺乏沟通和交流，从而影响亲子关系。

不想写作业，只想玩手机。

专家 如是说

孩子缺乏自主管理手机使用的能力时，

家长可以这样做：

1 和孩子一起制订每天的手机使用计划，明确手机使用的时间段和用途。通过详细的计划，让孩子学会在不同时间段合理安排手机使用，避免无节制的使用。

2 帮助孩子理解手机使用的优先级，与孩子讨论并列出所有需要完成的任务和活动，按照重要性和紧急程度进行排序，让他们明确学习和重要任务应该放在首位，娱乐和社交活动可以放在完成重要任务之后，让孩子学会更有效地管理手机使用时间。

3 帮助孩子建立自我监督机制，给孩子准备一个手机使用记录本，每天记录手机使用的时间、用途和感受。让他们自己记录和评估手机使用情况。通过自我监督，让孩子意识到自己的使用习惯，并主动进行调整和改进。

④ 通过日常生活中的小事培养孩子的自律习惯，如按时完成作业、遵守作息时间等。每天与孩子一起制定并执行作息时间表，规定学习、娱乐和休息的具体时间。通过定时提醒和监督，帮助孩子按时完成任务，这些小事的积累可以帮助孩子逐渐形成自律的习惯，进而提高手机使用的自我管理。

小贴士

家长应关注孩子使用手机的情况，适时进行引导和监督，帮助孩子建立良好的手机使用习惯，避免手机过度使用对学习和生活产生负面影响。

第二节 让孩子学会延迟满足

延迟满足是一项重要的能力，有助于孩子抵抗诱惑，提升自我控制能力。

手机 使用的背后

很多孩子在手机使用上不懂得延迟满足，会出现以下几种表现。

常常在学习、吃饭或家庭活动时随时查看手机，无法忽视手机通知，无法等到适当的时间再处理。

在完成学习任务时，常常忍不住中途玩手机，无法坚持到任务完成后再娱乐。

在要求使用手机时，常常无法等待家长允许，便直接拿起手机使用。

在公共场合，如餐厅或电影院，无法忍受等待的过程，需要玩手机打发时间。

专家 如是说

孩子在手机使用上不懂得延迟满足时，

家长可以这样做：

1 家长在使用手机时也应自律和克制，避免在孩子面前长时间使用手机，通过榜样的力量影响孩子。

2 家长可制定一张奖励表，鼓励他们先完成学习任务后再进行娱乐活动，逐步培养孩子的延迟满足能力。

3 在孩子无法控制自己时，家长可教导孩子通过深呼吸和冥想来缓解即时满足的冲动，帮助孩子学会冷静下来。

4 家长可从短时间的延迟开始，通过持续练习和增加等待时间，让孩子逐步适应并增强延迟满足的能力。

小贴士

家长要先观察孩子在使用手机时是否表现出急躁和无法等待的行为，再进行引导。

第三节　让孩子拥有一定的自主权

在引导孩子合理使用智能手机的过程中，家长应恰当地给孩子一定的自主权，帮助孩子学会自己管理自己的时间，提升他们的责任感和自我管理能力。这一过程中，家长的支持和信任是关键。

手机 使用的背后

孩子没有使用手机的自主权，常常出现以下表现。

很多孩子在手机使用时间方面没有话语权，没办法在最需要的时候使用手机，导致他们对手机产生更强的渴望和依赖，甚至可能偷偷使用手机来满足自己的需求。

一些家长过于武断地决定孩子可以使用的应用程序或网站，甚至只允许孩子使用学习应用程序，结果孩子对娱乐类应用的渴望越来越大，而对学习应用程序产生抵触情绪。

一些家长对手机的负面影响过于担忧，干脆禁止孩子使用手机，剥夺了孩子接触现代科技和信息的机会。这种极端的控制方式，容易引发孩子反感和产生逆反心理，反而加剧他们对手机的渴望。

一些家长在制定手机使用规则时，通常不让孩子参与讨论和决策，孩子只是被动接受这些规则，缺乏自主权，使得孩子对规则的执行缺乏积极性，往往会寻找机会违反规则。

家长可适度给孩子手机使用的自主权：

1 家长应与孩子一起讨论，制定手机使用规则，让孩子提出自己的意见和建议，并在规则中体现。这样，孩子会更有责任感和参与感，愿意主动遵守这些规则，从而培养自主权。

2 在孩子完成学习任务后，家长可让孩子自主安排手机的使用，家长只需设定一个总体的时间限制，例如每天不超过两小时，然后让孩子自己安排具体的使用时段。这样不仅能培养孩子的时间管理能力和自律性，也能满足他们对手机的使用需求。

3 家长应允许孩子在合理范围内选择自己感兴趣的内容，这样既能满足孩子的兴趣，也能拓宽他们的知识面。

4 家长可以从小决定开始，逐步扩展到更大的自主权范围。通过循序渐进的方法，培养孩子的决策能力和自律性。比如让孩子选择每天的手机使用时间段，然后逐步增加他们在选择内容和设定规则上的自主权。通过不断地实践和反馈，让孩子逐步适应和掌握自主使用手机的能力。家长应给予及时的肯定和鼓励，帮助孩子建立自信心和责任感。

　　家长应关注孩子在手机使用上的自主需求，适时给予他们一定的自主权，帮助他们学会合理使用手机，同时培养自律性和责任感。

第四节　让孩子认识到手机之外的乐趣

　　在当今社会，智能手机为我们提供了无尽的娱乐和信息，但过度依赖手机也会错过现实生活中的很多美好。家长应引导孩子认识到手机之外的乐趣，减少他们对手机的依赖，增加对现实世界的兴趣度和参与度。

手机 使用的背后

很多孩子都认为玩手机很有趣，沉迷于手机中。原因通常有以下几点。

孩子通过手机可获得即时的快乐和满足，无须等待。手机上的游戏、短视频和社交媒体快速提供了娱乐体验，让孩子难以抗拒。

孩子利用手机逃避学业和生活中的压力，暂时忘却烦恼。手机成了他们应对焦虑和压力的工具。

手机上的社交平台让孩子可以轻松与朋友互动，获得社交认可。通过发布动态、点赞和评论，孩子在虚拟世界中获得了存在感。

手机上的游戏、视频和应用程序提供了丰富的娱乐选择，让孩子难以抗拒。各种新奇的内容不断更新，吸引孩子持续关注。

孩子之间会互相分享和推荐手机上的新游戏和应用程序，形成集体沉迷。

专家 如是说

帮助孩子认识手机之外的乐趣，

家长可以这样做：

1 家长可以每周末安排一次家庭户外活动，如散步、骑自行车或打球，让孩子感受到户外活动的乐趣和健康的生活方式，逐步体会到大自然的美好和运动的乐趣。

2 家长应帮助孩子发现并培养多种兴趣爱好，带孩子参加各种兴趣班或工作坊，如音乐、绘画、阅读等，提供必要的工具和材料，鼓励孩子尝试不同的活动，并在家中展示孩子的作品，增加他们的成就感。让他们在这些活动中找到乐趣，减少对手机的依赖。

3 家长可与孩子讨论手机使用的利弊，引导孩子认识到过度使用手机的负面影响，帮助他们建立正确的手机使用观念。

小贴士

家长要通过各种策略帮助孩子认识到手机并不是非玩不可，还有更多有趣的事情可以做。

第五节 教孩子制定合理的目标

　　合理的目标设定可帮助孩子将手机从消遣工具转变为学习和成长的助力。家长应引导孩子制定具体、可衡量的目标，让孩子更有效地使用手机，增强孩子的自信力和自我管理能力。

手机 使用的背后

没有为使用手机制定合理的目标，会导致孩子出现以下表现。

很多孩子在不知不觉中花费大量时间在手机上，而忽略了学习、运动或其他有益的活动，导致他们的时间管理混乱。

孩子使用手机是为了打发时间或满足一时的娱乐需求，没有明确的用途，只是随意浏览、点赞和评论。

孩子在使用手机后，通常不会反思自己花了多少时间、做了什么，也不会评估这些活动是否有意义，也不会考虑如何改进手机使用习惯。

教孩子制定合理的手机使用目标,

家长可以这样做:

1 设定具体的学习目标。家长可与孩子一起选择适合的学习应用或网站,每天设定明确的学习任务,并与孩子制定一个学习进度表,记录每天的学习成果,并每周进行检查和总结,给予表扬和奖励,激励孩子持续学习。

2 设定适度的娱乐目标。家长与孩子一起商讨,设定每天的娱乐时间限制,并使用计时器或应用程序帮助孩子管理时间,例如每天玩游戏不超过30分钟。

3 设定手机社交活动的目标。家长与孩子一起制订社交媒体使用计划,规定每天的使用时间和频率。例如每天只花15分钟在社交媒体上,与朋友保持联系的同时不过度沉迷。家长要鼓励孩子进行更多的面对面社交,例如邀请朋友来家里玩或参加社区活动,增加现实中的社交互动。

④ 设定健康管理目标。下载并安装健康管理应用程序，制定每天的健康目标，例如每天使用健身应用程序进行10分钟的锻炼或使用睡眠监测应用程序改善睡眠质量。家长可以和孩子一起进行锻炼，进行家庭健身挑战，增强全家人的健康意识。

小贴士

没有合理的手机使用目标会让孩子在使用手机时随意、无序，浪费大量时间。家长应引导孩子制订合理的使用计划，帮助他们平衡手机使用与其他重要活动。

第四章 培养孩子的好习惯

第一节　培养孩子的竞争意识

对孩子而言，适当的竞争意识可激励他们设定更高的目标，家长要帮助孩子认识到竞争的价值，逐步培养他们在健康的竞争环境中成长的能力，从而将对手机的注意力转移到自身竞争能力的提升上。

手机 使用的背后

孩子缺乏竞争意识，会有以下表现。

孩子没有尝试挑战更高分数的欲望，只满足于简单地完成任务，不愿意为了更好的结果付出额外努力。

孩子不愿参与现实中的团队活动。即使在学校或家庭的集体活动中，他们也表现得冷淡或敷衍，这限制了他们与他人互动的机会，也错失了从合作和竞争中获取经验的机会。

面对需要竞争的活动，孩子经常选择逃避。无论是学术竞赛、体育比赛，还是其他需要努力争取的场合，他们都不愿参与，担心失败带来的压力。这种逃避心理使他们失去了锻炼自己、提高能力的机会，长此以往可能会影响他们的自信心和韧性。

专家 如是说

培养孩子的竞争意识，

家长可以这样做：

1 家长可组织家庭成员之间的学习比赛，如阅读竞赛、知识问答等。设定比赛规则和评分标准，例如谁在规定时间内完成更多阅读或回答正确率更高，就获得更高的分数。家长应积极参与比赛，并在过程中鼓励孩子全力以赴，让孩子在轻松的环境中体验到竞争的乐趣和挑战。

2 家长可鼓励孩子参与线下挑战活动，这些挑战通常围绕特定的主题或技能，如编程、写作、书法、绘画、舞蹈等。家长应帮助孩子选择合适的挑战，鼓励孩子与同龄人竞争，分享自己的成果，获取反馈，从而提升自信心和竞争意识。

3 家长和孩子可以一起设置学习目标（如月度测试成绩提高多少分），并每周分析实际成绩与目标的差距。家长应引导孩子制订改进策略，如增加学习时间或调整学习方法，从而让孩子直观地看到自己的进步，不断提升自我。

4 家长应鼓励孩子参加各种课外活动，如体育队、艺术班或科学俱乐部，帮助孩子发现自己的兴趣和天赋。通过实际参与这些活动，孩子可以在合作与竞争中积累经验，如学会团队合作、应对压力和享受成功的喜悦。家长应提供必要的支持，例如帮助孩子选择合适的活动或陪同参加，增强他们的信心和参与感。

小贴士

孩子缺乏竞争意识和现实参与感，往往导致他们在成长中错失很多重要的学习和社交机会。家长需要帮助孩子理解和体验现实中的成功和快乐，逐步减少对手机的依赖。

第二节　积极参与实践活动

　　实践活动不仅能帮助孩子发展社交技能，还能增强他们的团队协作能力和解决问题的能力。家长应引导孩子积极参与这些活动，从而更全面地发展孩子的兴趣和才能，减少对电子设备的依赖，培养更健康的生活方式。

手机使用的背后

孩子不积极参与实践活动，会有以下表现。

在学校，孩子对实践活动表现出明显的抵触情绪，常常以各种理由请假或找借口不参加。

孩子对社区或家庭组织的活动毫无兴趣，经常找借口拒绝参与，导致他们缺乏与家人和社区成员的互动，也错失了实践中的学习和成长。

孩子在团队合作的实践活动中往往表现出冷漠和不配合的态度。他们不愿意与队友交流或共同完成任务，从而影响了团队的合作效果，也降低了他们的社交能力。

不行，我肚子疼，参加不了。

专家 如是说

鼓励孩子积极参与实践活动，

家长可以这样做：

1 家长可在家中设立一个专门的手工角，准备各种手工材料，如彩纸、黏土、模型工具等，与孩子一起制定一个手工项目，如制作模型或手工贺卡，每个项目分阶段完成。家长应参与其中，提供指导和帮助，让孩子在制作过程中体验创造的乐趣，并展示作品，增强他们的成就感和自信心。

2 家长可定期组织全家参与的实践活动，如周末野餐、家庭烹饪比赛或园艺种植。与孩子共同规划活动的时间和地点，分配每个家庭成员的任务，并准备必要的工具和材料。在活动中，家长应鼓励孩子承担责任，如准备食材或设计花园布局，通过合作完成任务，培养团队精神和实践能力。同时，家长可以通过拍摄照片和录像记录活动，增强孩子的参与感。

3 家长可以与社区组织联系，带领孩子参与社区志愿服务，如公园清洁、敬老院探访或社区节庆活动。了解志愿服务的时间和要求，参加适合孩子年龄和能力的活动。家长应在活动前与孩子讨论服务的意义和期望，并在活动中积极参与和指导。通过志愿服务，孩子不仅能锻炼实践能力，还能增强社会责任感和公民意识。

4 家长可鼓励孩子加入学校的兴趣小组，如科技俱乐部、体育队或艺术班。了解各小组的活动内容和时间安排，与孩子一起探讨他们的兴趣和选择。报名后，家长应持续关注孩子的参与情况，定期询问他们的进展和感受。

5 家长可以计划户外探险活动，如徒步旅行、露营或野生动植物观察。选择适合的地点和路线，准备必需的装备和安全措施，制订详细的行程计划。在活动中，家长应鼓励孩子探索自然环境，观察动植物，学习户外生存技能。通过户外探险，孩子可以接触自然，增强体质，同时在探索过程中培养独立性和勇气，体验实践活动带来的满足感和成就感。

小贴士

不积极参与实践活动的孩子，容易错失锻炼动手能力、团队合作和社交技巧的机会。家长需要关注孩子的表现，并采取积极措施，鼓励孩子参与更多的实践活动，帮助他们发现手机以外的乐趣。

第三节 养成良好的作息习惯

　　规律的作息可以帮助孩子更好地管理时间，不仅可以减少玩手机的时间，也会让孩子的专注力和生活质量有所提升。

手机 使用的背后

很多孩子没有养成良好的作息规律，表现为以下几点。

由于前一天晚上睡得太晚，孩子早晨起床困难，经常赖床。他们往往在闹钟响了之后还继续睡觉，甚至关掉闹钟继续休息，导致错过早餐和上学时间。

下面找同学朗诵第三自然段。

因作息不规律，孩子白天在学校或家庭活动中常表现出精神不振。他们上课时容易犯困，注意力不集中，甚至在课堂上打瞌睡，影响学习效果和课堂表现。

孩子的作息时间不固定，时常随意调整睡觉和起床时间。由于缺乏规律的生活节奏，他们难以形成稳定的生物钟，常常在休息日和工作日之间出现明显的作息差异。

帮助孩子养成良好的作息习惯，家长可以这样做：

1 家长为孩子制订一个科学的作息时间表，明确规定起床、吃饭、上学、写作业、娱乐及睡觉的时间，做到早睡早起，保证充足的睡眠时间。

2 家长可以选择适合孩子的自然界的声音或舒缓的音乐，帮助他们放松身心，尽快进入睡眠状态。此外，家长可以帮助孩子设定一个固定的就寝提醒，在特定时间提醒孩子准备入睡。

3 合理安排学习和休息的时间，避免长时间处于学习或娱乐状态。每天在同一时间上床睡觉和起床，包括周末和节假日，以形成固定的生物钟。

④ 家长可以鼓励孩子在睡前进行放松的活动，如阅读、写日记或进行简单的冥想练习。家长可以陪伴孩子进行这些活动，帮助他们在放松中进入睡眠状态。通过建立放松的睡前习惯，孩子能够逐渐减少对手机的依赖，形成更健康的作息规律。

小贴士

孩子没有养成良好的作息规律，容易导致睡眠不足、精神不振和健康问题。

第四节　培养孩子的兴趣爱好

　　当孩子有了更广泛的兴趣爱好时，在手机上花费的时间就会相应减少。培养孩子的兴趣爱好是帮助孩子放下手机的有效措施。

手机使用的背后

孩子没有兴趣爱好，具体表现为以下几点。

孩子对学校或社区提供的课外活动毫无兴趣，即使活动内容丰富多样，也不愿意参与。他们通常在活动报名时选择逃避或者敷衍了事，不愿花时间了解活动内容，也没有加入的意愿。

孩子对尝试新事物表现出极大的抗拒态度，对家长提出的活动总是以"没兴趣""太麻烦"为理由拒绝，不愿花时间和精力去探索新的领域。

孩子在没有其他活动的情况下，通常依赖手机、平板等电子设备消磨时间。他们不主动寻找其他有意义的事情做，而是习惯性地打开电子设备，沉浸在虚拟世界中。

专家 如是说

培养孩子的兴趣爱好，

家长可以这样做：

1 带孩子体验多种活动，寻找他们潜在的兴趣点，如去美术馆、观看体育比赛或参加试课。在体验过程中家长应观察孩子的反应，鼓励他们表达感受，并记录下他们喜欢的活动类型，以便进一步培养。

2 每周设立一个兴趣日，家长和孩子一起从事特定的兴趣活动。家长可以提前与孩子讨论选择的活动，如一起做手工、烘焙或园艺。固定时间能帮助孩子形成习惯，增强对活动的期待感和参与感。家长应积极参与并提供指导，让孩子在轻松愉快的氛围中探索和发展兴趣。

3 当孩子展现出自己的兴趣爱好后，家长要尊重他们的选择，不能强制孩子做大人想让他们做的事。

4 带孩子参与各种活动，如运动、音乐、舞蹈、绘画等。通过让孩子多看、多听、多尝试，帮助他们打开心扉，开阔视野，这样孩子更容易发现自己真正感兴趣的事物。

5 家长要支持孩子、鼓励孩子，为他们提供所需的材料和工具。家长应给予孩子充分的自由去探索和尝试，同时在需要时提供建议和帮助。家长还可帮助孩子展示他们的作品，如举办家庭展览或分享至网络平台，增强他们的成就感和自信心。

小贴士

孩子没有明确的兴趣爱好，就会对周围事物冷淡，感到生活无聊，从而缺乏多彩的生活体验，也阻碍了其个人能力的发展。家长应积极引导孩子发现和培养兴趣爱好，丰富他们的日常生活。

第五节　培养孩子坚持的品格

　　让孩子放下手机是一个需要耐心和策略的过程，需要有坚持不懈的毅力。培养孩子坚持的品格，可以帮助其在未来的学习和生活中取得更好的成就。

手机 使用的背后

孩子没有养成坚持的品格，在日常学习和生活中会有以下表现。

孩子在面对学习任务时，常常因题目难度大而中途停下，转而玩手机或做其他事情，无法持续专注于学习。

孩子在参与需要长时间专注的任务时，常常半途而废。他们虽然刚开始在做手工、拼图或其他需要耐心的活动时表现出兴趣，但很快就因缺乏耐心而放弃，转而去寻找即时满足感的事情，手机便成了孩子此时的选择。

孩子在做事时容易被外界干扰所打断，例如手机通知、电视节目等，导致无法长时间保持专注，一旦有干扰便无法继续原来的任务，缺乏抵抗诱惑的能力。

专家 如是说

帮助孩子养成坚持的品格，

家长可以这样做：

1 家长应帮助孩子设定明确的学习和生活目标，并制定详细的时间表。例如，每天设定固定的时间段用于学习、运动或兴趣培养。这样有助于孩子将时间合理分配，减少在手机上的耗时，帮助孩子逐步养成按计划完成任务的习惯。

2 家长可以从简单任务开始，逐步增加任务的难度。比如在初期阶段给孩子安排较容易完成的任务，随着孩子的进步和适应，逐步增加任务的复杂性和挑战性。家长要鼓励孩子敢于面对挑战，避免孩子在遇到困难时选择逃避，从而又将手机拿起来，从中获得认同感。

3 家长应为孩子创造一个安静、无干扰的学习和活动环境。比如在孩子学习或从事兴趣活动时，关闭电视、收起手机等电子设备，确保环境整洁无杂物，使孩子能够集中注意力从而忘却手机。

4 建立一个奖励机制，以激励孩子坚持完成任务，如孩子完成一周的目标可以获得一个小礼物或特殊的家庭活动机会，使孩子渐渐放下手机。

小贴士

没有养成坚持品格的孩子，往往难以在学习和生活中取得长远进步，容易受到外界诱惑，缺乏专注和毅力。

　　社交能力是孩子成长中不可或缺的一部分，它不仅影响他们的学校生活，还会影响到将来的职业发展和人际关系。培养孩子的线下社交能力，让孩子进行面对面交流，是让孩子放下手机的重要方法。

手机 使用的背后

孩子缺乏线下社交能力，在日常中会有以下表现。

孩子在面对面交流时显得不自在，常常躲避目光接触，表现出回避的态度，缺乏积极的互动和回应。

孩子更倾向于通过手机进行线上社交。他们在社交媒体上活跃，却在现实中缺乏真正的朋友和社交活动，依赖虚拟世界中的交往。

孩子在面对社交冲突时，缺乏有效的处理方法。他们不懂得如何表达自己的感受和需求，也不善于解决问题，常常选择逃避或沉默。这使得他们在线下社交中容易产生挫折感，从而更倾向于进行线上社交。

如何培养孩子的线下社交能力？

1 鼓励孩子参与学校和社区的各种小组活动，如课外兴趣班、体育团队和社区服务等。帮助孩子选择他们感兴趣的活动，并与他们一起报名参加。

2 家长可以通过家庭日常对话和模拟情景角色扮演，帮助孩子培养良好的沟通技巧。家长可以模拟一些常见的社交场景，如与新朋友见面或解决冲突的情况，让孩子练习如何自我表达和回应他人。家长应给予孩子正面的反馈和建议，帮助孩子逐步提高沟通能力。

3 家长可以定期举办家庭聚会或邀请孩子的朋友来家里玩，为孩子提供更多的社交机会，比如组织简单的游戏、手工活动或小型派对，帮助孩子在轻松的环境中互动。家长应在活动中积极参与，引导孩子与他人交流，并在活动结束后与孩子讨论他们的体验和感受，鼓励他们保持与朋友的联系。

没有社交能力的孩子容易感到孤立。他们缺乏人际交往的技巧和信心。家长应关注孩子这些表现，并采取措施帮助孩子提高社交能力，建立健康的人际关系。

孩子手机不离手，不仅影响了他们的学习和生活，还会导致缺乏责任感。具备责任感的孩子不仅能更好地管理个人行为，还能积极应对学习和日常生活中的挑战。家长应有效地强化孩子这一能力。

孩子缺乏责任感，具体表现如下。

孩子在家中不愿意做家务、整理自己的房间或帮助家人，而是沉迷于手机或其他娱乐活动。

孩子过度玩手机会严重影响学习兴趣与学习效率，沉迷于手机游戏和短视频带来的刺激，对学习厌倦、不耐烦，无法长时间投入学习，对学习方面的责任低。

孩子沉迷于手机，过度沉浸在虚拟世界中，会忽视现实生活中的人际交往，缺乏面对面的交流和互动，难以理解他人的需求和感受，为人际交往带来负面影响。

孩子在面对自己行为的后果时，常常选择逃避而不是承担责任。

如何强化孩子的责任感？

1 家长可与孩子一起制定家庭责任清单，列出每天或每周需要完成的家务，如打扫房间、摆放餐具等。孩子选择自己愿意承担的任务，并在清单上标明完成的时间和标准。

2 设立一个责任积分表，孩子按时完成任务可以获得积分，积分可以兑换小奖励，如额外的游戏时间或小礼物。相反，如果孩子未能履行责任，也应有相应的惩罚措施，如减少娱乐时间或参与家务。

3 在家庭聚会或闲聊时，讨论一些与责任相关的故事或新闻事件。通过日常对话和情景讨论，引导孩子分析其中的责任问题。说明承担责任的重要性和带来的正面影响。通过这些讨论，孩子可以更深入地理解责任的概念，并意识到自己行为的影响。

4 与孩子一起选择他们感兴趣的集体活动，并鼓励他们积极参与，如学校的社团、社区服务等，培养他们的团队合作精神和责任感。家长应支持孩子在活动中的角色，无论是领导者还是普通成员，帮助他们学会在团队中承担责任。通过集体活动的参与，孩子可以体验到合作的重要性和集体责任感。

小贴士

没有责任感的孩子容易在生活和学业中表现出缺乏自律和承诺的行为，这不仅影响他们的成长，也会导致他们在人际关系和未来职业中出现问题。家长应积极培养孩子的责任感，引导他们理解和承担自己的责任。

第五章

培养孩子的归属感

第一节　归属感是孩子安心学习的基础

　　归属感是人的一种心理需要，是指人归属于某个群体并被其接纳的情感需要。孩子在现实生活中缺乏有效的社交和情感支持，可能会选择沉迷于手机来逃避孤独感和寻找归属感。

手机 使用的背后

缺乏归属感易造成如下心理问题。

孤独感与无助感

　　他们觉得自己在群体中找不到位置，无法融入其中，感到沮丧和失落，甚至产生自我否定的情绪。

自卑心理

　　他们认为自己不够好，不值得被接纳和认可。这种自卑心理会进一步影响他们的自信心和自尊心，使他们在面对挑战时更容易退缩和放弃。

不信任感

　　他们害怕受到伤害或拒绝，因此不愿意轻易相信别人。这种不信任感会让他们在与他人交往时保持警惕和距离，难以建立深厚的友谊和亲密的关系。

专家 如是说

如何强化孩子的归属感？

让孩子参与家庭事务

　　根据孩子的年龄段，适当安排家务。可以从简单的整理个人物品开始，逐步过渡到更复杂的家庭事务。让孩子参与家务不仅能培养其责任感，还能让孩子感受到家庭的关爱和归属感。

给予孩子适度的自主权

　　过度的管控只会让孩子感到没有自主权。家长不要对孩子的生活大包大揽，不要总是事无巨细地安排孩子的生活。给孩子一定的自主空间，让他们自己做决定并承担后果。可以从小事开始，如选择自己的衣服、安排学习计划等。

及时的反馈和鼓励

　　及时的肯定和鼓励能够强化孩子的积极行为。很多家长忽视了这一点，错失了培养孩子归属感的良机。

　　家长要善于发现孩子的进步，要及时给予肯定和鼓励。可以通过语言表扬、小奖励等方式，使孩子体会到成就感。

鼓励孩子表达感受和想法

设立家庭会议时间，让每个成员都有机会发言，表达自己的意见和建议。家长应在交流中倾听和理解，避免打断或评判，帮助孩子学会有效沟通和解决冲突，增强他们在集体中的自信和归属感。

小贴士

归属感，是指个体在特定群体中所感受到的认同感和安全感。它是个体对自我身份的一种确认，也是个体与群体之间情感联系的重要纽带。

第二节 陪伴是对孩子最好的教养

孩子玩手机在很大程度上是因为家长没有给予足够的陪伴，让孩子感受到被忽视和孤独。这种情绪的积累使得孩子对手机产生依赖。

手机 使用的背后

缺少父母陪伴的孩子，容易出现以下四种问题。

叛逆，难以管教

在现实生活中，有的孩子没与父母在一起生活；有的孩子，是父母工作太忙，没有时间陪伴他们。缺少父母陪伴的孩子长大后大多比较叛逆，难以管教。

缺乏安全感

很多时候，孩子能否感受到幸福，内心是否有安全感，靠的正是父母的陪伴。父母长期不在孩子身边，或者由于忙于工作而很少陪伴孩子，孩子很可能就会缺乏安全感。

容易自卑，胆小懦弱

因为缺少父母的陪伴，他们敏感多疑，总觉得没有人喜欢自己，自己做什么都是错的，渐渐地胆子变得越来越小，也更加内向、自卑。

容易出现社交障碍

长期缺少父母陪伴的孩子，在自卑心理的影响下，容易自我封闭，不与人交流、分享自己的内心，有事情爱憋在心里。在社交方面，因为缺乏指引，久而久之，容易产生社交恐惧，看到陌生人就躲避。

高质量陪伴孩子的几个要素：

用心的陪伴

用心关注，用心倾听，用心帮助，只有父母用心了，才能帮助孩子发现问题、解决问题。

尊重的陪伴

不要打击孩子，不要一味指责，不能高高在上，哪怕是自己的孩子，也要给予应有的尊重与信任。

真正的陪伴，是和孩子做朋友。家长要放低姿态，互相尊重，彼此包容。

耐心的陪伴

和孩子沟通时，一定要注意措辞和态度，讲明道理，切忌发火、给孩子贴标签。

有些道理家长都懂，但孩子未必就懂，所以要花更多的耐心来教育孩子。

平常心的陪伴

不是所有孩子都能考100分。有孩子登上第一名，就有孩子在路边鼓掌。

成绩并不意味着一切，孩子还有很多可能性。家长要帮助孩子正确认识自己，找到最合适的成长道路。

共同成长

你想要孩子成为什么样的人，首先你就要成为什么样的人。

父母陪伴孩子的过程，就是给孩子做好榜样的过程。以身作则，言传身教，是家长能给孩子最好的教育。优秀的父母，在陪伴孩子学习的过程中也在不断进步，努力跟上孩子的步伐，做好孩子的引路人。

小贴士

家长高质量的陪伴是孩子成长道路上最宝贵的财富。缺乏家人陪伴的孩子容易感到孤独和缺乏支持，这不仅影响他们的情感健康，还会导致他们依赖电子设备。家长应更多地陪伴孩子，参与他们的生活，帮助他们感受到家庭的温暖和支持。

第三节 缺爱是孩子沉迷于手机的主因

当家庭成员之间互动减少，家庭对话变成作业完成情况、考试成绩等时，手机就变成了孩子获得平等交流的安全岛，孩子就会通过手机寻求心理慰藉。

手机 使用的背后

为什么有些孩子会沉迷于手机、有些孩子就不会呢?

凡是有成瘾性行为的孩子,他们都会缺两样"东西"。

第一个是在家缺爱。可能他衣食无忧,但情感上的陪伴是非常少的。

第二个就是缺自信,对自己没有价值感。比如在家时父母经常嫌弃他的各种不好,在学校可能也是那种"小透明"般的存在。不管在哪,他都感受不到自己存在的意义。

孩子缺少情感陪伴、内心空虚,又对自己没有价值感,他一定会去其他地方寻找。而手机就是一个容易获得、能够满足他的渠道,于是所谓的沉迷就出现了。

让孩子感受到父母更多的爱，

家长可以这样做：

1 家长要多与孩子进行面对面的交流或一起进行活动，如玩桌游、读书或散步。询问孩子在学校的生活和感受，并表现出真诚的关心和倾听，通过一致的行动让孩子感受到父母的温暖和陪伴。

2 家长可创建家庭传统或定期的家庭仪式，如每周的家庭电影夜、生日庆祝或假期旅行。让孩子参与计划和准备工作，如选择电影、布置场地或设计活动内容，让孩子感受到家庭的归属感，理解和体验家庭成员之间的深厚感情。

3 家长应关注孩子的行为和进步，无论是学业上的进步、家务上的努力，还是兴趣爱好的发展，家长都应予以认可和鼓励。可以通过口头表扬、书写卡片或小奖励来表达对孩子的肯定，让孩子感受到自己在家长心目中的重要性，从而增强自信心和自尊。

4 家长应努力建立一个开放、自由的沟通环境，让孩子感受到可以随时表达自己的想法和感受。家长应表现出耐心和尊重，不批评或打断孩子的表达，让孩子感受到被接纳和关爱。

小贴士

孩子因缺爱而沉迷于手机，通常是因为他们在现实生活中缺乏情感支持和关怀。家长应关注孩子的情感需求，通过增加陪伴和关心，帮助他们建立健康的情感联系。

第四节 父母要学会成为孩子情绪的"容器"

　　现实中，孩子的情绪不被家长理解和在意，会让孩子感到失落、难过，可能会通过手机与朋友交流，在手机构建的虚拟世界里寻求安慰和理解，暂时摆脱现实的烦恼和压力。

手机 使用的背后

很多父母都忽视了孩子的情绪，具体表现为以下几点。

孩子试图表达自己的情绪时，父母常常忽视或不加重视，这让孩子感到被忽略和孤立。孩子逐渐学会压抑自己的情绪，不再与父母分享内心的感受。

当孩子情绪低落或生气时，一些父母采取错误的应对方法，如责骂、讽刺或命令孩子快乐起来。这种应对方式会加剧孩子的情绪问题，导致孩子内心更加矛盾和痛苦。

父母在教育孩子时往往采用单一的方法，如只注重成绩，忽略孩子的情感需求，使孩子感到不被理解和接纳，进而影响他们的情绪。

父母如何成为孩子的情绪"容器"？

1. 先处理情绪，再解决问题

许多父母在面对孩子的问题时，往往急于求成，忽略了孩子的情绪。

孩子的情绪若得不到妥善处理，问题往往只会愈演愈烈。例如，当孩子在学校遭遇挫折，带着沮丧回家时，一些父母可能会立刻开始分析原因，提出建议，却忽视了孩子此刻最需要的可能只是一个拥抱。

2. 接纳孩子的情绪，事事有回应

情绪没有好坏，接纳孩子的情绪，意味着对孩子的每一种感受都给予关注和回应。

当孩子愤怒时，家长不应是简单地压制，而应是探寻愤怒背后的缘由；当孩子悲伤时，家长不应是急于安慰，而应是静静地陪伴，让他们感受到被看见、被理解。

在这个过程中，父母也在不断学习，如何成为更好的倾听者，如何在孩子的情绪风暴中保持稳定。

3. 教会孩子正确地管理情绪

情绪管理是孩子成长中的重要技能。

父母可以通过日常生活中的小事，教会孩子如何识别和表达自己的情绪。比如，当孩子因为玩具损坏而感到沮丧时，父母可以引导孩子认识到自己的失落感，并教会他们用言语来表达这种情绪，而不是通过愤怒或哭泣，更不是沉迷于手机、逃避现实。

小贴士

很多父母都忽视了孩子的情绪，导致孩子情绪问题加重，孩子因此而选择逃避现实，沉迷于手机中的虚拟世界以获得慰藉。

第五节　培养亲密的亲子关系

　　家长应积极参与到孩子的生活中，了解他们的需求、感受和遇到的困难，并给予积极的回应。这样，孩子才会与家长敞开心扉，而不是借助手机发泄情绪。

手机 使用的背后

家长与孩子之间缺乏有效沟通，具体表现为以下几点。

父母与孩子之间缺乏深入的交流，往往只是简单的问候或指令式的对话。孩子难以分享自己的内心想法和感受，更愿在虚拟世界中获取认同感。

孩子在感到失落或需要支持时，得不到应有的安慰和理解。这使孩子转而寻求其他方式来填补情感上的空白。

父母要么过度控制，要么过度放任，缺乏合理的界限设定，导致孩子无法感受到父母的关爱和支持，产生反感或疏离感。

父母更关注自己的事务，让孩子感到孤独和被排斥，缺乏家庭归属感。

是不是比赛输了？以后就把时间用在学习上吧。

你根本不知道我有多难过。

如何培养健康的亲子关系？

1 家长应主动表达对孩子的爱和关心，不仅在言语上，也要在行动上表现出来，比如经常拥抱孩子、给孩子积极的鼓励和赞美。在孩子感到难过时，要及时给予安慰和支持。

2 家长应尊重孩子的兴趣爱好，即使这些兴趣与家长的期望不同，比如家长可参与孩子的活动、观看孩子喜欢的电影、了解他们的爱好，让孩子感到被理解和接纳。

3 家长要关注孩子的情绪状态，及时发现并帮助他们处理负面情绪。当孩子感到沮丧、焦虑或不安时，家长要及时给予安慰和支持，避免孩子在社交媒体上寻找慰藉。

4 家长需给予孩子充分的信任，相信他们的能力和潜力，鼓励并支持他们去尝试新事物，让他们更加自信和勇敢。

　　缺乏健康亲子关系的孩子往往感到孤立和不被理解，从而导致他们沉迷于手机等事物来逃避现实。家长应努力建立与孩子的情感联系，了解他们的内心世界，培养健康的亲子关系。

第六节 鼓励和赞赏孩子取得的成就

当孩子在学业或其他领域取得成就时，父母的积极反馈能增强他们的自信心，激发他们继续努力和探索新挑战的动力。这对孩子放下手机有着显著的积极影响。

手机 使用的背后

父母在孩子取得学习成就时，没有给予正面、及时的鼓励和赞赏，常让孩子出现以下表现。

孩子感到失望和沮丧，感到自己的努力得不到父母的重视，逐渐不再主动分享自己的成绩。

当孩子取得成绩时，父母往往挑剔孩子的不足，总是指出他们没有做到的部分，缺乏正面的鼓励和表扬。这让孩子越来越不自信。

孩子感到自己的努力和成绩无足轻重，逐渐对学习失去兴趣，转而将注意力转移到手机娱乐上。

鼓励和赞赏孩子应这样做：

及时肯定，激发内在动力

当孩子取得一些小的进步或成就时，家长应该及时给予肯定和鼓励。例如，孩子学会了新的技能、完成了作业或取得了好成绩时，家长可以说："你真棒！又学会了新技能！""你的作业写得很工整，真棒！"

这种及时的肯定能够让孩子感受到自己的努力得到了认可，从而更加努力地学习和成长，而不是将时间花费在手机上。

鼓励孩子，为其建立新的多巴胺来源

孩子沉迷于手机是因为从手机中获得了即时的快乐和满足感。鼓励孩子在现实中取得的成绩，能够让孩子更加清晰地认识到自己的优点和长处，在学习、运动、艺术等方面获得的成就感和满足感，其带来的快乐不亚于玩手机。这会让孩子逐渐减少对手机的依赖，从而更有信心面对未来的挑战。

表达信任，增进理解

家长应该向孩子表达信任和支持，让他们感受到家长的关爱和期望。当孩子面临挑战或困难时，家长可以说："我相信你一定能够克服这个困难。"

这样的信任和支持能够让孩子更加自信地面对未来的挑战。再与其沟通减少手机使用的问题时，孩子会更容易接受和配合。

小贴士

没有得到鼓励和赞赏的孩子容易感到失落和被忽视。这不仅影响他们的自信心，还会削弱自律意识，进而无法控制自己对手机的依赖。

第七节 营造充满爱的家庭氛围

　　一个充满爱的家庭氛围可为孩子提供一个安全感十足的成长空间。给予孩子充分的关注，可以有效地预防和干预孩子对手机成瘾。

手机 使用的背后

没有爱的家庭氛围，会对孩子产生很大的影响。

在家中，父母忙于自己的事务，家庭成员之间缺乏交流，日常互动少，孩子感到孤立无援，逐渐变得沉默寡言，缺乏对家庭的归属感，感到被忽略和孤独，逐渐依赖电子设备来打发时间。

父母之间或家人之间常有争执。孩子在这种紧张的家庭氛围下感到不安和压力，变得焦虑和敏感。

如何为孩子营造一个充满爱的家庭氛围?

1. 爱要大声说出来

让孩子听到你对他们的爱,不要吝啬你的拥抱和亲吻。比如,每天至少说一次"我爱你",并确保在孩子需要的时候给予额外的拥抱。这种爱的表达会让孩子感到温暖和安全。

2.避免争吵和冲突

家长应努力营造一个积极、和谐的家庭环境。在面对问题时,应冷静沟通,避免在孩子面前爆发冲突,让孩子在家中感受到安全和稳定。

3.让孩子自由表达情感

家长应尊重和理解孩子的感受,鼓励他们自由表达自己的情感。在孩子表达感受时家长要给予积极的回应,如"我理解你的感受"或"这确实让人难过"。家长应避免批评或否定孩子的情绪,帮助他们正确认识和处理情绪。

4.共同制定家规

和孩子一起制定家庭规则，让他们参与到规则的制定过程中来。这样他们会更有可能遵守这些规则，并理解规则背后的意义。

5.共享爱好和兴趣

找到全家人都感兴趣的活动，比如远足、画画或者玩桌游。共同的爱好可以增进家庭成员之间的理解和亲密感。

小贴士

在缺乏爱的家庭氛围中，孩子容易感到孤独和不安，这会影响他们的情感和社交能力。家长应努力营造一个温暖和谐的家庭环境，让孩子感受到爱和关怀，从而减少他们对手机的依赖。